PRIORIDADES

PRIORIDADES

QUE LUGAR **DEUS** OCUPA NA SUA VIDA?

ALINE BRASIL

EDITORA AVE-MARIA

© 2019 by Editora Ave-Maria. All rights reserved.
Rua Martim Francisco, 636 – 01226-002 – São Paulo, SP – Brasil
Tel.: (11) 3823-1060 • Televendas: 0800 7730 456
editorial@avemaria.com.br • comercial@avemaria.com.br
www.avemaria.com.br

Capa: Agência Arcanjo
Foto: Igor Gomes
ISBN: 978-85-276-1665-2
1ª edição – 2019

Dados Internacionais de Catalogação na Publicação (CIP)
Angélica Ilacqua CRB-8/7057

Brasil, Aline
 Prioridades/Aline Brasil. - São Paulo: Editora Ave-Maria, 2019.
 128 p.

ISBN: 978-85-276-1665-2

1. Mensagens 2. Vida cristã 3. Inspirações 4. Deus I. Título

19-2007   CDD 204.35

Índice para catálogo sistemático:
Mensagens cristãs

Diretor-presidente: Luís Erlin Gomes Gordo, CMF
Diretor Administrativo: Rodrigo Godoi Fiorini, CMF
Gerente Editorial: Áliston Henrique Monte
Editor Assistente: Isaias Silva Pinto
Revisão: Edson Nakashima e Mônica Glasser
Diagramação: César Oliveira
Impressão e Acabamento: Gráfica Expressão e Arte

A Editora Ave-Maria faz parte do Grupo de Editores Claretianos (Claret Publishing Group).
Bangalore • Barcelona • Buenos Aires • Chennai • Colombo • Dar es Salaam • Lagos • Macau • Madri • Manila • Owerri • São Paulo • Varsóvia • Yaoundé.

Apresentação

Aline Brasil é uma das mais importantes cantoras católicas brasileiras. Reúne em sua biografia milhares de seguidores que acompanham seu trabalho e se emocionam com suas canções. Expandindo seu carisma e levando a mensagem cristã a mais pessoas dia após dia, ela lança, pela Editora Ave-Maria, o seu novo trabalho, desta vez editorial: *Prioridades*. A obra traz mensagens positivas que visam oferecer ao público estímulo e formação católica. O livro, com um projeto incrível, contagia não só por suas palavras, mas também pelo olhar. São dezenas de mensagens que tornam o dia a dia de cada pessoa melhor, sempre inspiradas na Palavra de Deus e nos ensinamentos da Igreja.

O Editor

Altruismo

{ O que você faz por aqueles que o perseguem? }

Altruísmo

O que você faz por aqueles que o perseguem? Orar pelos perseguidores é dever do cristão; liberta-o da falta de perdão e ainda beneficia o outro, pois Deus sempre realiza algo por meio da oração. Obedecer aos mandamentos de Deus é sempre a melhor opção, sempre o caminho da verdadeira paz interior. "Eu, porém, vos digo: amai vossos inimigos, fazei bem aos que vos odeiam, orai pelos que vos [maltratam e] perseguem. Desse modo sereis os filhos de vosso Pai do céu, pois ele faz nascer o sol tanto sobre os maus como sobre os bons, e faz chover sobre os justos e sobre os injustos" (Mateus 5,44-45).

Amor

{ Clamor ao Espírito Santo com fé e ele consumirá a sua vida com fogo de novo! }

Amor

O amor em seu coração tem esfriado? A Palavra fala que o amor de muitos esfriaria devido à maldade do mundo, mas a mesma Palavra nos garante que nós vencemos o mundo! Por isso, sempre que você sentir que a chama está se apagando em seu coração, **clame ao Espírito Santo com fé e ele consumirá a sua vida com fogo de novo!**

Amor-próprio

{ A verdadeira felicidade vem de dentro! }

Amor-próprio

A autoestima elevada nos faz entender que nosso valor vai além da aprovação dos outros! Por isso é tão importante cuidarmos da nossa saúde emocional, espiritual e física. É um conjunto que precisa funcionar harmoniosamente! Devemos nos amar, nos cuidar, nos valorizar, nos aceitar! **A verdadeira felicidade vem de dentro!** E não há nada que ajeite a alma amargurada e eternamente insatisfeita!

Autoestima

{ Minha autoestima vem de dentro. }

Autoestima

Ei você! De onde vem a sua autoestima? Quando eu tinha 15 anos, eu possuía 0% de gordura e 0% de autoestima e felicidade. Hoje, já não tenho 0% de gordura, tenho celulites e gordurinhas, mas que nem lembro que existem, porque não são o meu foco. Então nada disso consegue afetar minha autoestima. Estou concentrada em outras coisas! Estou muito focada em ser feliz e sorrir cada dia mais, em ser cada dia mais grata. Gosto de me arrumar, cuidar do corpo e da saúde, sem exageros! Mas minha autoestima não depende de elementos externos. como maquiagem, roupas, cirurgias... **Minha autoestima vem de dentro** e me custou caro! Mas não custou dinheiro! Custou muito investimento, renúncia e dedicação aos relacionamentos essenciais. Custou investimento em espiritualidade, estudo, autoconhecimento e conhecimento. Custou uma busca incansável pela maturidade que continuo adquirindo. Custou o firme posicionamento pela verdade e profundidade naquilo que acredito. Deus me livre de envelhecer e não amadurecer! Minha autoestima vem de dentro, do entendimento do meu valor, do amor-próprio e da certeza de que o amor de Deus me é suficiente, me basta e é o que me faz hoje ser livre como sou.

Autonomia

{ O coração de quem nasceu de novo não é blindado nem acorrentado! }

Autonomia

Que nunca me falte um sorriso! Que nunca me falte sinceridade, verdade, gratidão, educação... Mesmo que as pessoas estejam armadas e blindadas com barreiras que causam distanciamento, como: desconfiança, "achismos", indiferença, ingratidão, desrespeito humano, julgamentos e partidos! **O coração de quem nasceu de novo não é blindado nem acorrentado!** Aquele que nasceu de novo tem o coração livre! Foi para a liberdade que Cristo nos libertou! Sejamos livres, então! Vamos voar? Somos águias ou galinhas?

Avivar

Cuide-se para que a iniquidade não te confunda e te iluda.

Avivar

E por se aumentar a iniquidade na terra, o amor de muitos se esfriará, mas quem perseverar até o fim será salvo (Mt 24,2).

Cuide-se para que a iniquidade não te confunda e te iluda, porque isso pode esfriar o amor e a fé em seu coração.

E sem fé como iremos perseverar?

A fé é nosso maior tesouro e devemos alimentá-la e protegê-la para que ela cresça sempre mais.

Perseverar é permanecer, continuar mesmo querendo desistir, acreditar que o deserto vai passar.

É crer que Deus está no controle mesmo quando você não entende, é olhar além da neblina e dar o passo de fé.

É crer que você não está sozinho e que, em tudo o que acontece, existe um propósito de Deus.

Aquele que perseverar mais um dia experimentará a salvação por mais um dia e terá sua esperança ativada.

E a esperança não engana porque o amor de Deus JÁ foi derramado em nossos corações pelo Espírito Santo que nos foi dado (Rm 5,3-5).

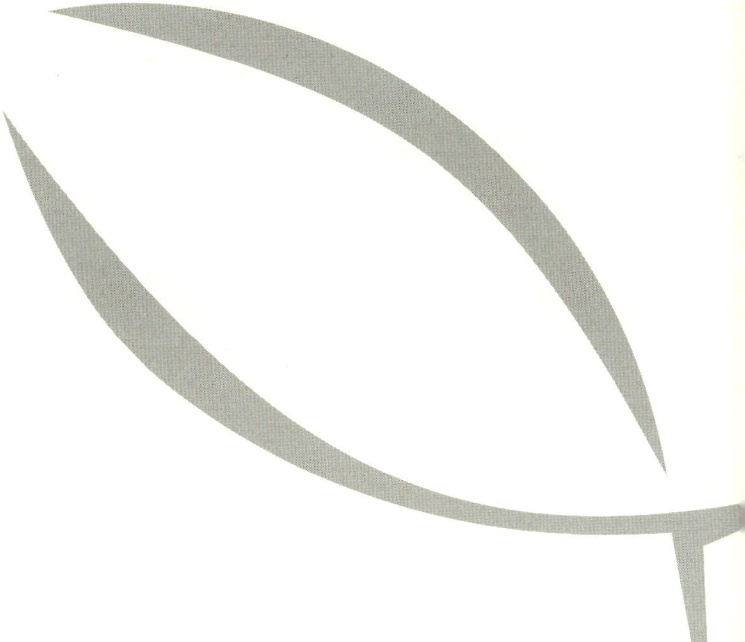

Bênção

{ A bênção de Deus está liberada sobre as nossas vidas! }

Bênção

A bênção de Deus está liberada sobre as nossas vidas! Mas, para a recebermos, precisamos crucificar a carne e ter a fé de um coração aquecido pelo fogo do Espírito Santo! Mas quando o coração está endurecido pelo pecado, deixamos de amar e temer a Deus; com isso, a fé vai embora e é pela fé que recebemos e experimentamos as promessas de Deus. Nada vem fácil nem de graça. Peçamos neste dia: "Vem, Espírito Santo, e acende em mim a chama do primeiro amor!".

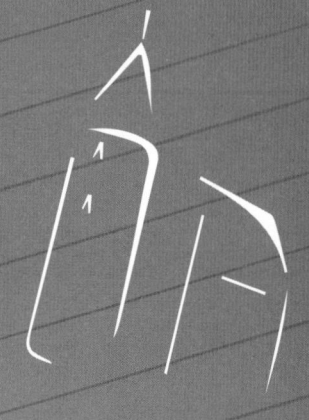

Busca

{ Deus conhece nossas intenções mais íntimas e dele não podemos esconder nada. }

Busca

O que você tem buscado em primeiro lugar pode explicar muito bem o porquê da ansiedade e da inquietação do seu coração! Se você buscar em primeiro lugar o Reino de Deus, todas as outras coisas vos serão acrescentadas. **Deus conhece nossas intenções mais íntimas e dele não podemos esconder nada.** Se nossa intenção real for buscá-lo em primeiro lugar, desfrutaremos da promessa da providência, da paz, da felicidade e de tudo aquilo que realmente nos é necessário. A felicidade temporária vem da busca pelas "coisas", mas a verdadeira felicidade preenche a vida daqueles que buscam o Reino de Deus em primeiro lugar. "Buscai primeiro o Reino de Deus e a sua justiça, e todas as coisas vos serão acrescentadas" (Mateus 6,33).

Coerência

{ O amor é o que o amor faz. }

Coerência

Viver de acordo com o que você fala. Você pode enganar os outros, mas não pode enganar a si mesmo nem os que convivem com você. **O amor é o que o amor faz.** Isso nunca vai mudar. Você pode falar, mas o que vale é o que você faz! Peçamos ao Senhor e permitamos que Ele nos faça pessoas coerentes.

Comparação

{ Toda comparação é injusta. }

Comparação

Não se compare com ninguém. Não permita que o comparem. **Toda comparação é injusta.** Seja quem você é! Pode acreditar: há muitas pessoas que têm muito mais que você e estão totalmente infelizes. Sabe por quê? Não depende daquilo que você tem, mas de como você se reconhece, se aceita, se vê e entende o seu valor no mundo, sem se comparar. Você deve acreditar que é especial, amado, querido e que aquilo que você faz é importante e necessário. Não espere nada de ninguém, resolva-se consigo mesmo. Ninguém deve nada a você! Isso é ser livre!

Confiança

Aquilo que parece ser para sua destruição pode fortalecer você!

Confiança

Aquilo que parece ser para sua destruição pode fortalecer você! Depende do quanto você suporta a pressão e como encara o momento. Encare com confiança e coragem! Deus é a nossa maior fortaleza e fonte de confiança e coragem. #ColaNele que é sucesso!

Culpa

Nunca permita que a culpa dirija a sua vida!

Culpa

Nunca permita que a culpa dirija a sua vida! Suas lembranças do passado não podem manipular o seu presente e controlar o seu futuro! Somos produto do nosso passado, mas não temos de ser prisioneiros dele, pois em Cristo não há culpa, e sim arrependimento e perdão dos pecados. E hoje mesmo você pode começar uma nova história. "Feliz aquele cuja iniquidade foi perdoada, cujo pecado foi absolvido" (Salmo 31,1).

Decisão

{ *Decida por você!* }

Decisão

Decida por você! Viver uma vida em função do que os outros decidem por você, desejam por você, projetam sobre você é frustrante demais! Pois só você vai viver o peso e as consequências de viver uma vida inteira em função do que os outros decidiram, desejaram e projetaram sobre você. Não tome decisões importantes baseado em *status* ou em função de agradar quem quer que seja. Muitas vezes, os pais projetam para os filhos uma profissão que sonharam e até mesmo inconscientemente podem tentar influenciá-los. Os outros olham você por fora, mas somente você irá conviver com as consequências de escolher um relacionamento ou uma profissão para o resto da vida. O peso de viver em função de agradar A ou B é além do que se pode suportar, o preço é muito alto. Tome decisões submetidas a Deus em oração e decida por você.

Dominação e medo

{ Pessoas que se deixam dominar pelo medo perdem grandes chances e oportunidades. }

Dominação e medo

Pessoas que se deixam dominar pelo medo perdem grandes chances e oportunidades. Até mesmo para viver aquilo que Deus determinou para nós é preciso que façamos a nossa parte em tomar atitude e avançar! Qual medo tem paralisado você? Medo de perder? Medo de se abrir ao novo? Medo do futuro? Seja lá qual for o medo, você pode ser liberto pela graça de Deus, entregando a Ele diariamente seus medos e fardos mediante orações e súplicas. "No amor não há medo; ao contrário, o perfeito amor expulsa o medo, porque o medo supõe castigo. Aquele que tem medo não está aperfeiçoado no amor" (1 João 4,18).

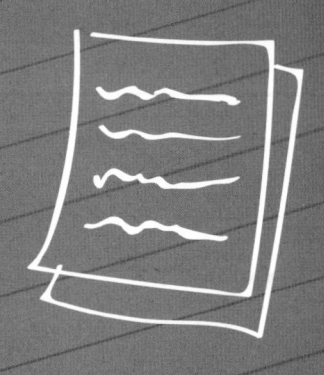

Éfeta

{ Abram-se os ouvidos espirituais para discernir a vontade de Deus e fazer as escolhas certas. }

Éfeta

Abram-se os ouvidos espirituais para ouvir a direção de Deus e não ficar perdido!

Para ouvir a voz daquele que sustenta o universo com a força da Palavra;

Aquele que tem o governo do céu e da eternidade em suas mãos!

Éfeta!

Abram-se os ouvidos espirituais para discernir a vontade de Deus e fazer as escolhas certas mesmo quando a visão se turva e a falta de escuta não nos permite enxergar a estratégia de Deus!

Éfeta!

Abram-se os ouvidos espirituais para ouvir o Rei que bate à porta.

O Rei que quer entrar, cear com você, na intimidade, no lugar secreto!

Eleito

{ Essa palavra é para você que me lê e também para mim! Mas apenas para quem crê! }

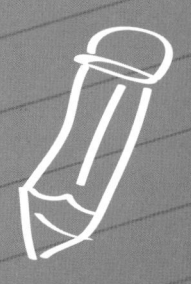

Eleito

Quem se ama sabe que o seu valor não está naquilo que dizem, pensam ou julgam. Sabe que o seu valor independe daquilo que possui ou aparenta. Quem se ama é feliz do jeito que é e com os defeitos que tem. Sabe quem é segundo o que Deus diz por meio da sua Palavra: eleita e escolhida; nascida da autorização e da ordem de Deus! **Essa palavra é para você que me lê e também para mim! Mas apenas para quem crê!**

Entrega

Quem confia no Senhor
vê o milagre,
vê a providência,
vê o cuidado de Deus.

Entrega

Quem confia no Senhor vê o milagre, vê a providência, vê o cuidado de Deus. É como na Palavra que diz: "Olhai as aves do céu: não semeiam nem ceifam, nem recolhem nos celeiros, e vosso Pai Celeste as alimenta. Não valeis vós muito mais que elas?" (Lucas 12,24). Nós temos um Pai que jamais nos deixa! Qual é a sua necessidade hoje? Qual é a sua preocupação? Entregue tudo a Ele!

Escolhas

{ A quem você tem escolhido, a Deus ou ao mundo? }

Escolhas

A quem você tem escolhido, a Deus ou ao mundo? Onde você quer habitar, na luz ou nas trevas? A Palavra de Deus vem nos ensinar que Deus nos ama tanto a ponto de nos dar seu Filho para nos salvar. As nossas atitudes dizem se somos de Deus ou não. Somos incompatíveis com as trevas, feitos para a luz, e por isso uma vida nas trevas sempre será de constantes fracassos e sofrimentos sem fim. Jesus veio para salvar, mas aqueles que escolhem as trevas condenam a si próprios! Quando eu escolho a luz, eu escolho andar direcionado pelo Espírito Santo de Deus; eu escolho a liberdade e a salvação destinada aos filhos de Deus, aos filhos da luz.

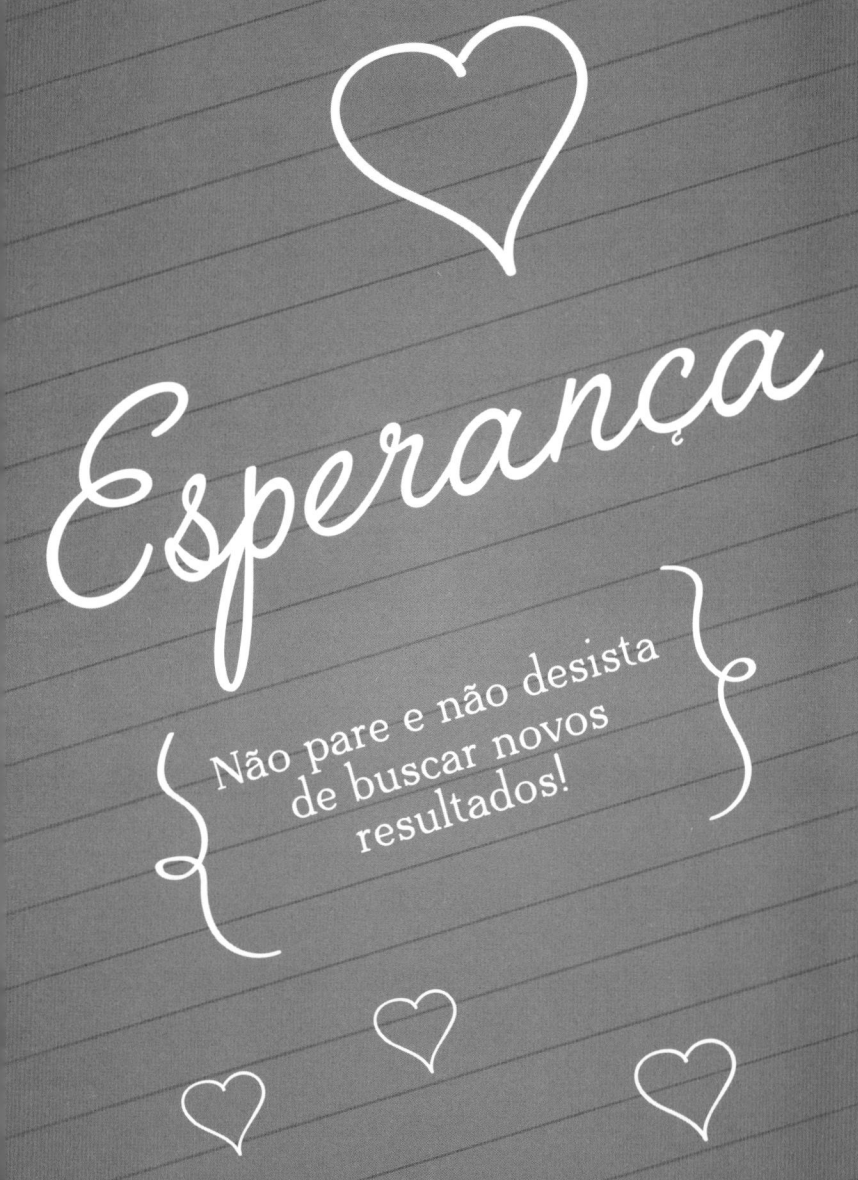

Esperança

Não pare e não desista de buscar novos resultados!

Esperança

Às vezes, é por isso que vemos um bando de pombos emaranhados olhando para baixo e ciscando as migalhas. Nunca voarão o voo das águias! Mas há esperança! Você pode acordar e mudar a direção daquilo que não lhe tem trazido resultado nem mudança de vida! Você pode decidir deixar o comodismo e seguir um novo caminho! Certamente que aquele "grupinho de pombos" acomodados não vão querer seguir você e podem até criticar e tentar desmotivar você. **Não pare e não desista de buscar novos resultados!** Voe o voo das águias!

Excesso

Somos pessoas! Somos livres de toda prisão e escravidão!

Excesso

Existem datas comemorativas que deixam as pessoas mais ansiosas que o normal. O comércio capitalista sai ganhando, pois se aumenta o consumo de tudo: roupas, bebidas, comidas... Em consequência, pessoas sentindo-se culpadas pelo excesso. O mundo não perdoa! Trata-nos como um objeto! E precisamos lembrar a todo tempo: não somos objeto, não somos mercadoria, não estamos à venda, já fomos comprados pelo sangue de Jesus! **Somos pessoas! Somos livres de toda prisão e escravidão!**

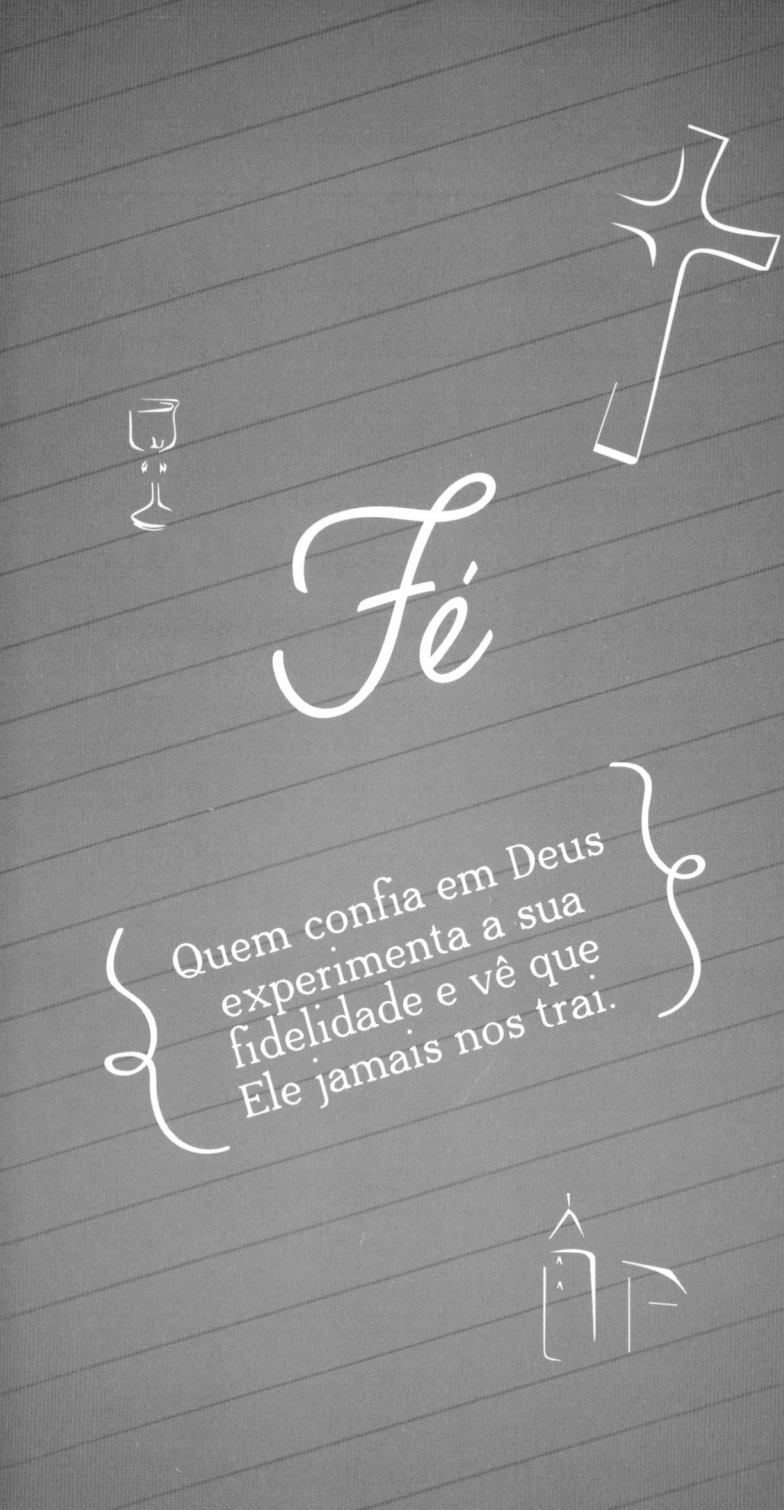

Fé

Quem confia em Deus experimenta a sua fidelidade e vê que Ele jamais nos trai.

Fé

Quem confia em Deus experimenta a sua fidelidade e vê que Ele jamais nos trai. Quem descansa em Deus experimenta a paz inexplicável nas situações mais adversas. Quem se entrega a Ele vê o impossível acontecer.

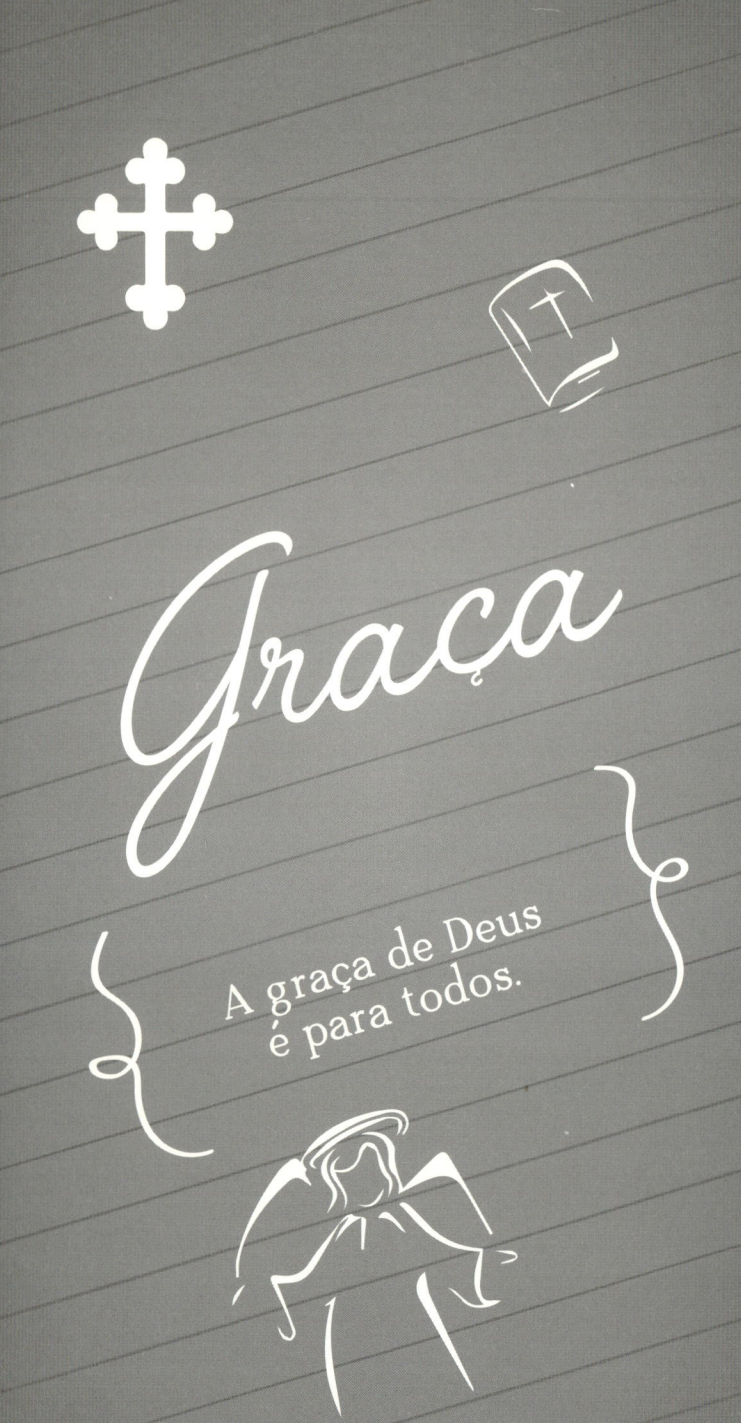

Graça

A graça de Deus é para todos.

Graça

A graça de Deus é para todos, mas a bênção só vem pela fé de um coração aquecido pelo Espírito Santo. Temos de guardar a fé e cuidar para que nosso coração não endureça.

O que endurece o coração e nos faz perder a fé é o pecado: o orgulho, a vaidade, a inveja, a ambição, as intenções erradas, a autossuficiência, o egoísmo, a mentira, o julgamento etc. Se quisermos a bênção, precisamos crucificar a carne e conformar nossos pensamentos à vontade de Deus. Rezemos juntos: "Vinde, Espírito Santo, enchei os corações dos vossos fiéis e acendei neles o fogo do vosso amor...".

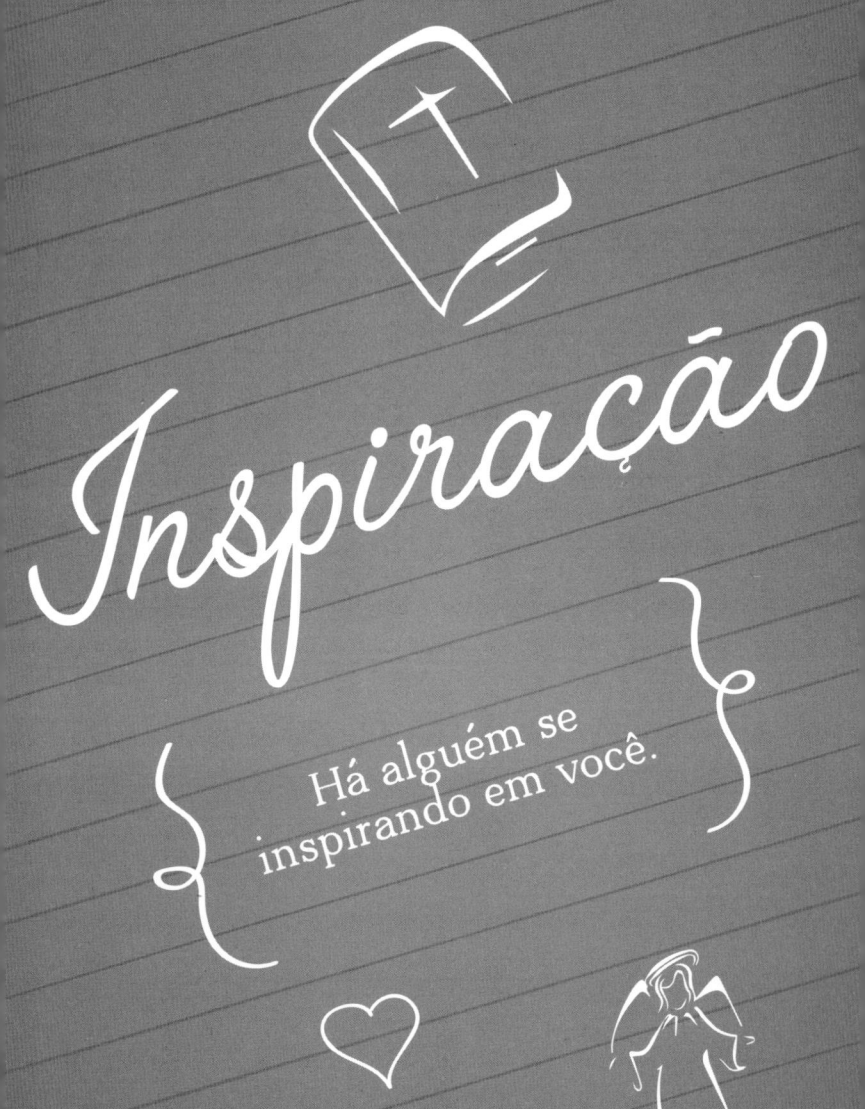

Inspiração

Há alguém se inspirando em você.

Inspiração

Não pare agora! **Há alguém se inspirando em você.** Que Deus seja sua fonte de inspiração e que a Palavra seja a lâmpada que guie seus passos. Se for assim, você será uma fonte de inspiração segura. Uma pessoa que conduz as outras para as pastagens seguras, por onde passar deixará pegadas que conduzem para um caminho de salvação. Seu exemplo pode ser bênção ou maldição. Pense nisso!

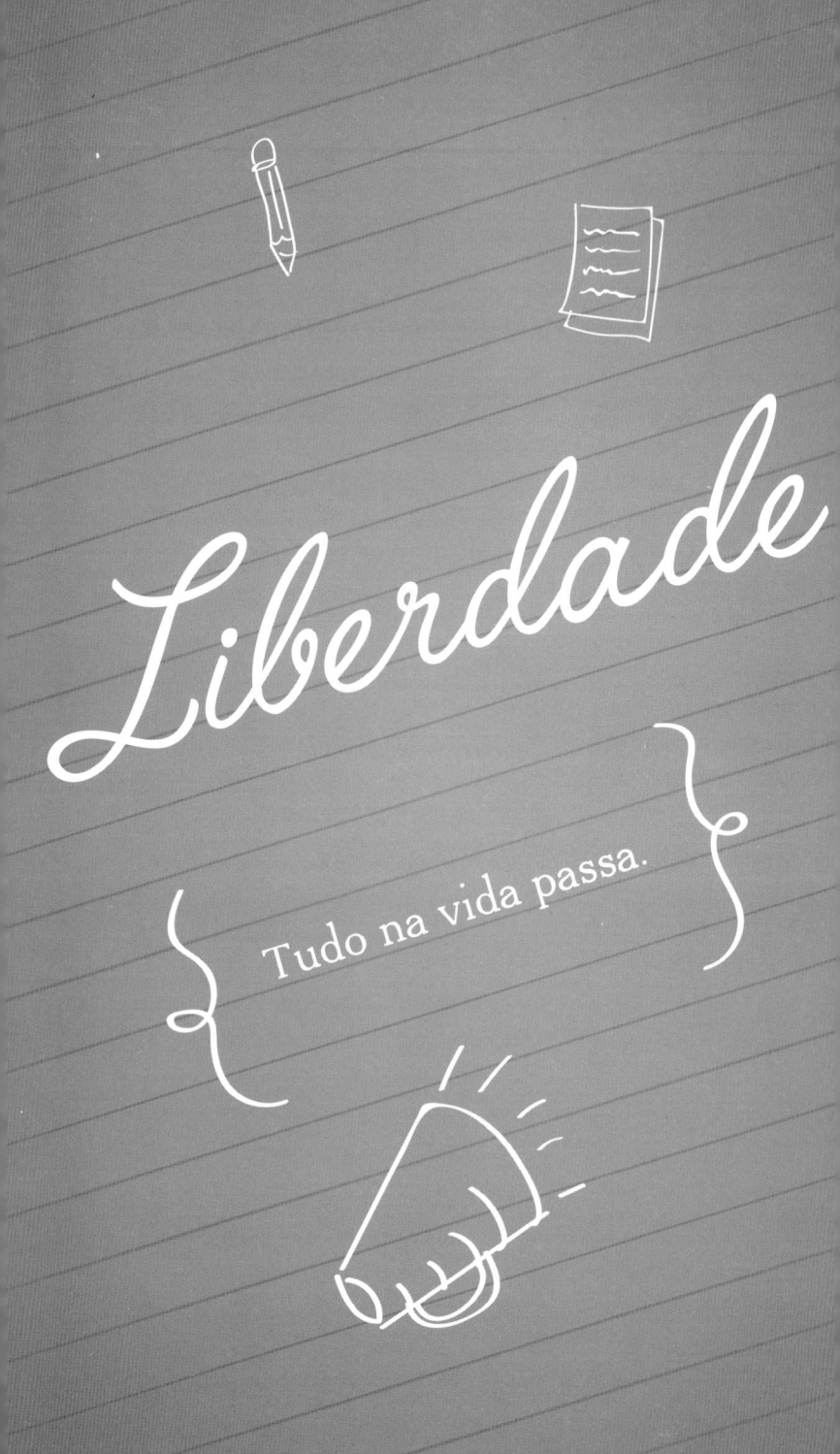

Liberdade

{ Tudo na vida passa. }

Liberdade

"Não nasci para competir com ninguém; se alguém tiver pressa, peça licença que eu deixo passar!" E você, já se libertou? Santa Teresinha dizia: "Ocupemos o último lugar. Ninguém brigará convosco por causa dele!". Desejar o último lugar não quer dizer ser negligente e acomodado, mas quer dizer que aquilo que fizermos não terá como fim único a competição para estar em primeiro lugar ou alcançando uma marca ou recorde. Desejar o último lugar fala, sobretudo, de um lugar onde a intenção naquilo que fazemos é reta, onde tudo que realizamos entregamos com excelência e amor. E isso terá consequências na nossa vida e nas emoções, pois vai gerar descanso, paz, confiança, abandono e a realização que há quando fazemos algo sem segundas intenções ou interesse. O primeiro lugar é um lugarzinho perigoso e que coloca tantas pessoas numa eterna e angustiante busca por permanecer lá no topo. O que é impossível, pois **tudo na vida passa.** Até o sucesso. A pessoa pode se sujeitar a tudo: a produzir mais do que as forças suportam, a entrar no ritmo doentio do "ter que fazer", a sacrificar família e pessoas queridas e a viver uma vida em função de atender à expectativa dos outros. Busquemos refletir a respeito do que nos escraviza e do que nos faz livres! Ah! E se você chegar ao primeiro lugar, que seja como consequência de um trabalho cuja intenção foi reta, e não com a única intenção de competir ou de ser melhor que alguém.

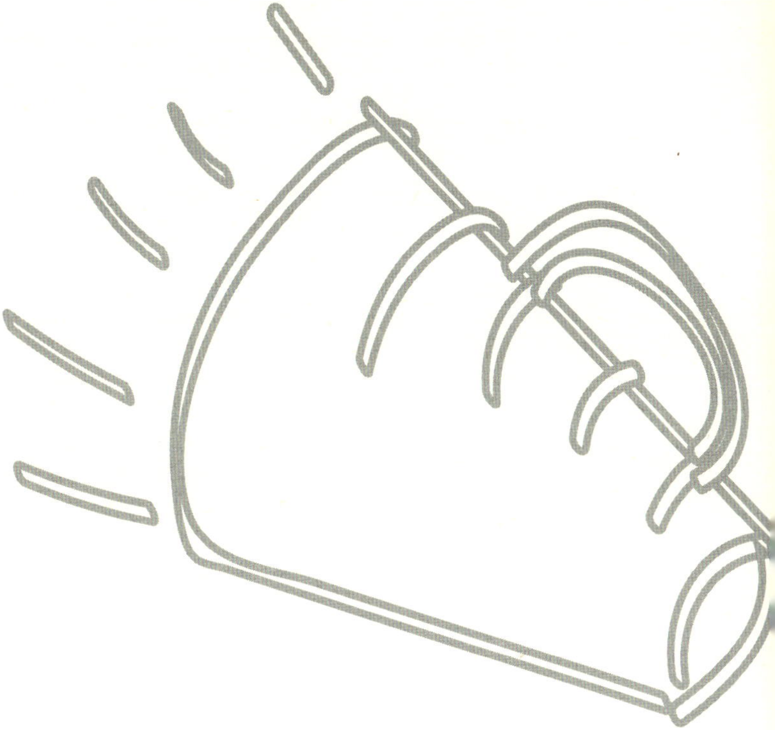

Mal

{ O diabo não brinca de ser diabo. }

Mal

"Não deis lugar ao diabo!" (Efésios 4,27). A visão espiritual permite a você observar onde a confusão tem se instalado na sua vida. Mas a brecha principal é o pecado. Os pecados que muitos não reconhecem são a mágoa e a falta de perdão. E a cada pecado não confessado, uma brecha se abre dando legalidade para que o demônio aja naquela determinada área na vida de alguém. Se você roubou uma caneta no seu trabalho, você abre a porta de legalidade nas suas finanças; se você olhou ou leu o que não devia na internet, você abre a porta de legalidade no seu relacionamento conjugal; e assim sucessivamente. **O diabo não brinca de ser diabo.** Portanto, enxergue-se em uma batalha espiritual e assuma o seu lugar enquanto pai de família, esposa, filho, mãe, pai, consagrado! A santificação é prioridade! O salário do pecado é a morte. A morte das famílias, dos sonhos, da esperança, da verdadeira felicidade. Humilhe-se e reconheça que Deus é poderoso e misericordioso para perdoar-lhe os pecados e limpá-lo de toda iniquidade. "Sujeitai-vos, portanto, a Deus; mas resisti ao diabo, e ele fugirá de vós" (Tiago 4,7).

Mente

Onde está a sua mente hoje?

Mente

Onde está a sua mente hoje? Lembre-se de que manter sua mente no passado ou no futuro vai fazer com que suas forças se esgotem. Faça o exercício de viver bem, mas muito bem, o presente. Isso lhe dará uma força que você desconhece e uma energia a mais para também viver bem o ano todo.

Missão

Persevere na missão que Deus te confiou!

Missão

Persevere na missão que Deus te confiou!

Não se desvie nem pra direita, nem pra esquerda.

Seja fiel.

Seja santo.

O que Deus te pede pra renunciar é pra te preservar do pior. Ele é Pai.

Um Pai que perdoa e cuja bondade é pra sempre.

Volte sempre.

Nunca deixe de voltar.

Ele te espera.

E sempre de braços abertos.

Por isso, a nossa santidade é resposta de amor a Ele, que nos ama incondicionalmente.

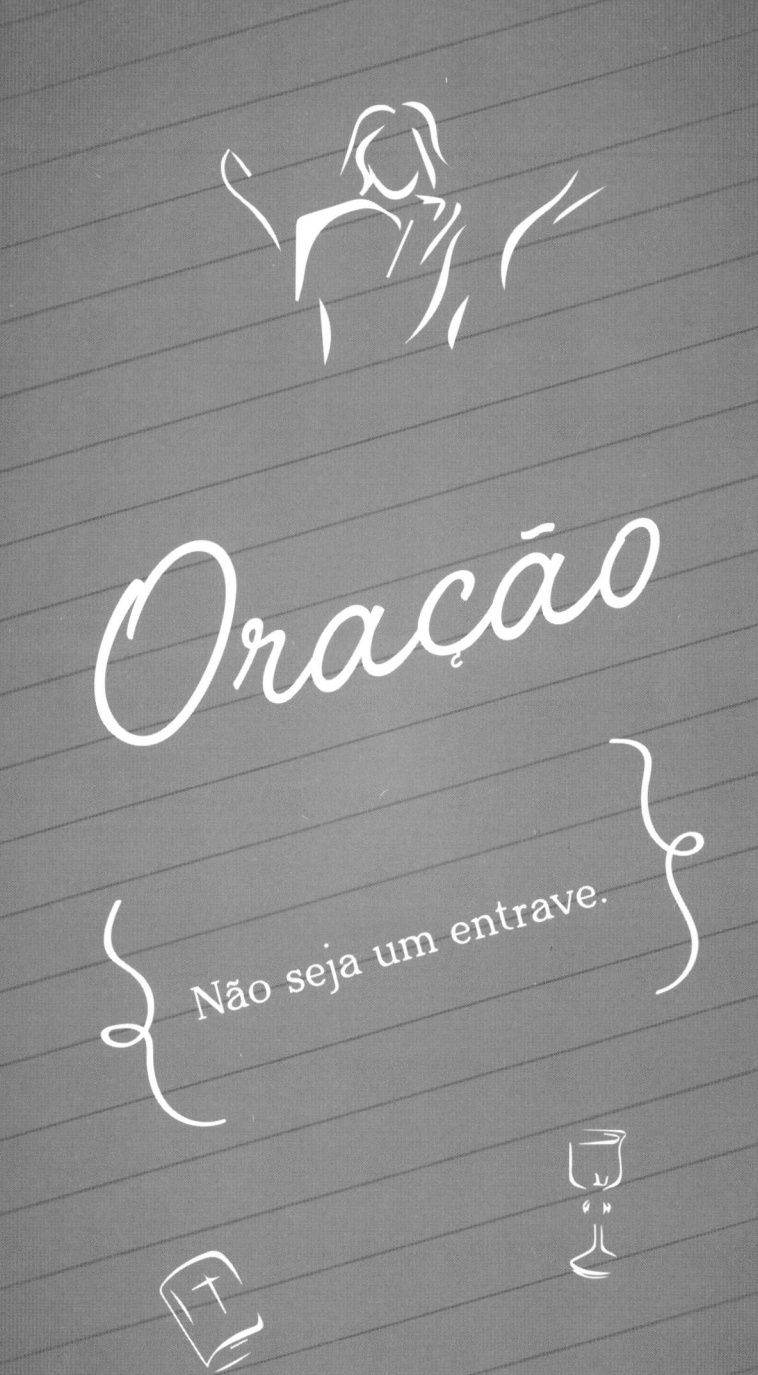

Oração

{ Não seja um entrave. }

Oração

"A oração feita por um justo pode muito em seus efeitos" (Tiago 5,16). Seja justo, não seja partidário. O justo é aquele que se deixa moldar na vontade de Deus, assim como São José, chamado de homem justo. O justo é instrumento de Deus para que os sonhos de Deus se realizem, e não os seus próprios sonhos! **Não seja um entrave,** seja um agente de expansão do Reino!

Paciência

{ *Aquele que tem fé, tem esperança!* }

Paciência

Aquele que tem fé, tem esperança! Aquele que é paciente na tribulação, não atropela as coisas nem o tempo de Deus. Aquele que persevera na oração, experimenta a vontade boa, perfeita e agradável de Deus em sua vida. A nossa impaciência não acelera e não muda o tempo de Deus. Só devemos descansar nele, vivendo uma vida de intimidade por meio da oração, mesmo quando não entendemos o que está acontecendo ou quando não temos todas as respostas. Sem nunca deixar de crer que Ele é o Deus de milagres, que nunca perdeu uma batalha e tem o controle de tudo em suas mãos! Peçamos o batismo no Espírito Santo por meio do qual recebemos a graça de viver os frutos do Espírito, dentre eles a paciência. Paciência consigo mesmo, com o próximo e, sobretudo, paciência para esperar o tempo perfeito de Deus!

Palavra

{ A Palavra de Deus é luz. }

Palavra

A **Palavra de Deus é luz,** alimento e resposta. Quem se deixa reger por ela jamais anda por caminhos tortuosos e, até mesmo em meio à escuridão, seu coração vive cheio de esperança. A Palavra de Deus não engana! Fala, Senhor, que teu servo escuta! "Tua palavra é lâmpada para os meus pés, luz para os meus caminhos" (Salmo 118,105).

Paz

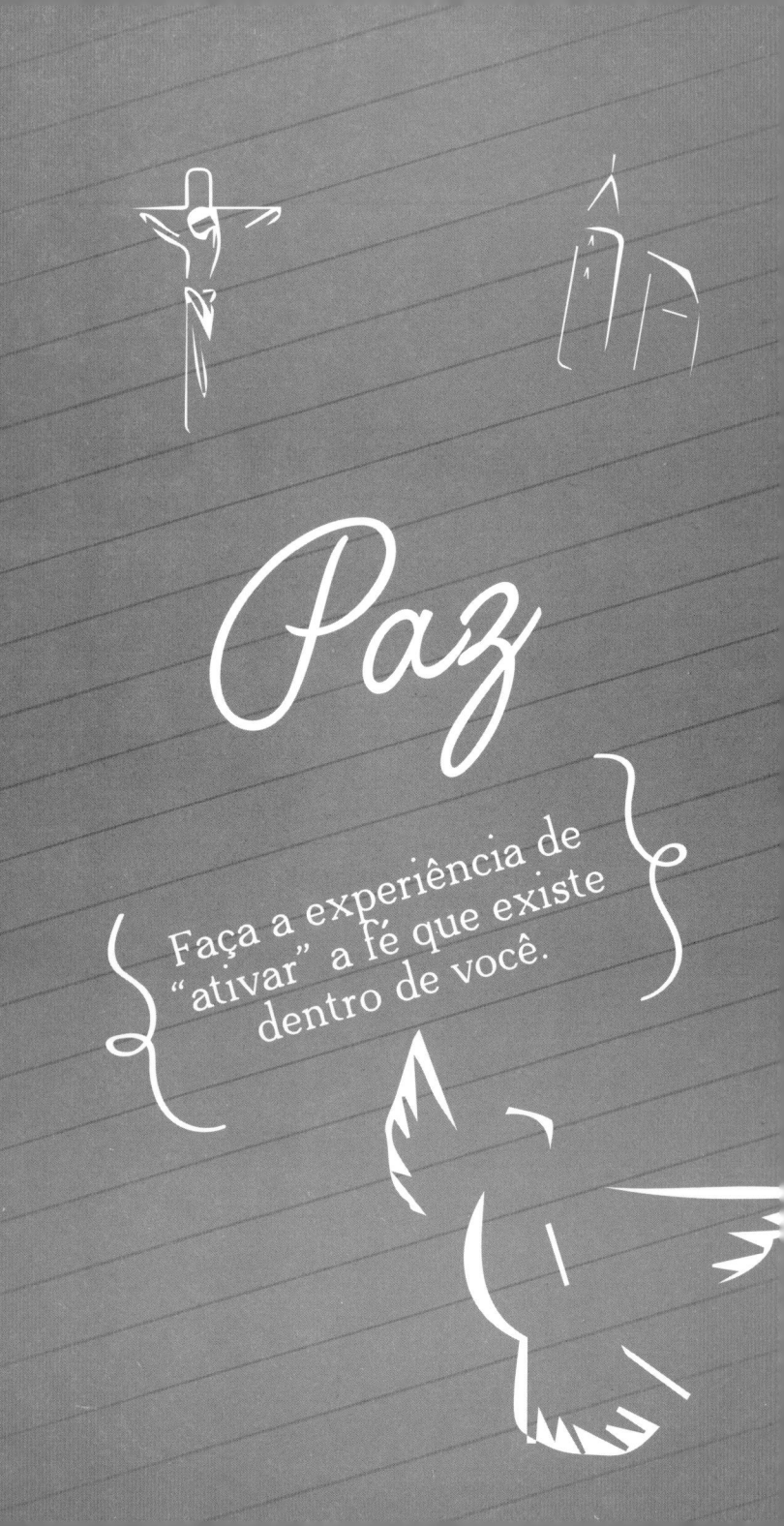

{ Faça a experiência de "ativar" a fé que existe dentro de você. }

Paz

Muitas vezes nos enchemos de questionamentos, dúvidas e apreensões que nos tornam pessoas inquietas, inseguras, amedrontadas. Tudo isso nos esgota muito, porque com a nossa própria racionalidade não encontramos resposta. E é aí que vemos a diferença do homem de fé para o homem incrédulo: o incrédulo é senhor de si mesmo e acaba permanecendo nessa eterna luta que leva a um vazio existencial e à perda do sentido da vida. Já o que tem fé lança tudo sobre o seu Senhor, que retira todos os medos com amor, que supera todas as incertezas com a esperança viva da vitória e que toma sobre si os fardos pesados que vão sendo acumulados com o tempo. **Faça a experiência de "ativar" a fé**

que existe dentro de você, entregue tudo a Jesus, lance todas as suas inquietações aos pés da Cruz, encontre nele as respostas que você precisa e experimente a paz sobrenatural que excede todo entendimento humano.

Perdão

O perdão é uma chave que abre o céu sobre nós!

Perdão

O perdão é uma chave que abre o céu sobre nós! O perdão libera a unção de Deus em nossa vida! O perdão liberta nosso coração das prisões e das algemas do mal, traz cura para nosso corpo e para nossa alma. Perdoar talvez seja uma das decisões mais difíceis para o cristão, porque humanamente é impossível. O perdão é divino e só podemos perdoar pela graça de Deus. O perdão não é um sentimento, mas uma decisão abandonada na graça.

Decidimos perdoar e confiamos na graça de Deus, que nos capacita. Quem não decide perdoar, não ama! Quem não perdoa, não será perdoado! 70 x 7 = infinitamente perdoar.

Perdoe

Perdoe os ofensores, se perdoe e siga.

Perdoe

Pare de acreditar que um episódio no seu passado pode te determinar.

Você não é o que fizeram com você.

Você não é o fracasso que te aconteceu.

Também não dá pra ficar com esse pensamento fantasioso e dizer que não existiu. Existiu e isso é um fato, porém um fato que já ficou pra trás.

Perdoe os ofensores, se perdoe e siga.

Você tem uma vida inteira para viver bem e ser feliz com Deus, sua família e seus amigos!

Perseguição

{ Na vida, não dá para ter tudo. }

Perseguição

Perseguições. Você conhece alguém que sofre perseguições por defender e estar do lado da verdade? Observando os ministérios que eu mais admiro, pude perceber que existe algo em comum entre eles: todos sofrem perseguições. São cantores, pregadores e até padres cuja vida ministerial só se renova com o passar dos anos, em vez de envelhecer! A unção é viva e produz sempre um novo testemunho, uma nova canção, uma nova revelação. Não tem mesmice. Mas existe o preço a ser pago que nem todos querem pagar, que é estar do lado da verdade e defendê-la, assim como João Batista e os primeiros cristãos, que não negavam a verdade mesmo debaixo de grande poder e autoritarismo. A perseguição deve ser sempre motivo de alegria, pois é confirmação de que se está no caminho certo e agradando ao Senhor. A perseguição não virá sobre a vida dos que agem por interesses e desrespeito humano, sendo mediano ou relativizando a verdade, mas também não virá a unção fresca que traz renovo e avivamento. Tudo tem um preço, inclusive a unção de Deus tem o preço de muitas renúncias e posicionamentos. **Na vida, não dá para ter tudo.** Na vida espiritual também não. "Bem-aventurados sereis quando vos caluniarem, quando vos perseguirem e disserem falsamente todo mal contra vós por causa de mim. Alegrai-vos e exultai, porque será grande a vossa recompensa nos céus, pois assim perseguiram os profetas que vieram antes de vós" (Mateus 5,11-12).

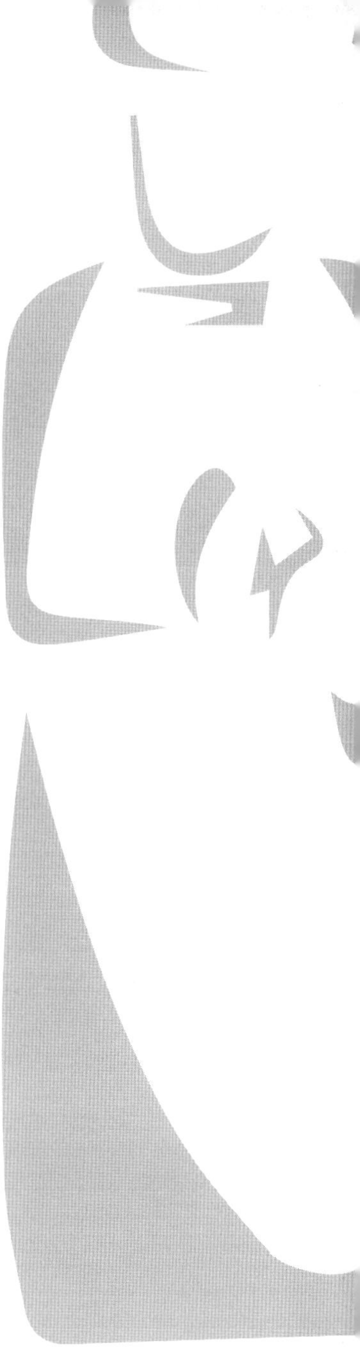

Perseverança

{ Perseverar é permanecer. }

Perseverança

Tá difícil perseverar? "E por aumentar a iniquidade na terra, o amor de muitos se esfriará, mas quem perseverar até o fim será salvo" (Mateus 24,12-13). Cuide-se para que a iniquidade não o confunda nem o iluda, porque isso pode esfriar o amor e a fé em seu coração. E sem fé, como iremos perseverar? A fé é nosso maior tesouro e devemos alimentá-la e protegê-la para que cresça sempre mais. **Perseverar é permanecer,** continuar mesmo querendo desistir; é acreditar que o deserto vai passar. É crer que Deus está no controle mesmo quando você não o entende, é olhar além da neblina e dar o passo de fé. É crer que você não está sozinho e que em tudo que acontece existe um propósito de Deus. Aquele que perseverar mais um dia, experimentará a salvação por mais um dia e terá sua esperança avivada. E a esperança não engana porque o amor de Deus já foi derramado em nossos corações pelo Espírito Santo que nos foi dado (cf. Romanos 5,3-5).

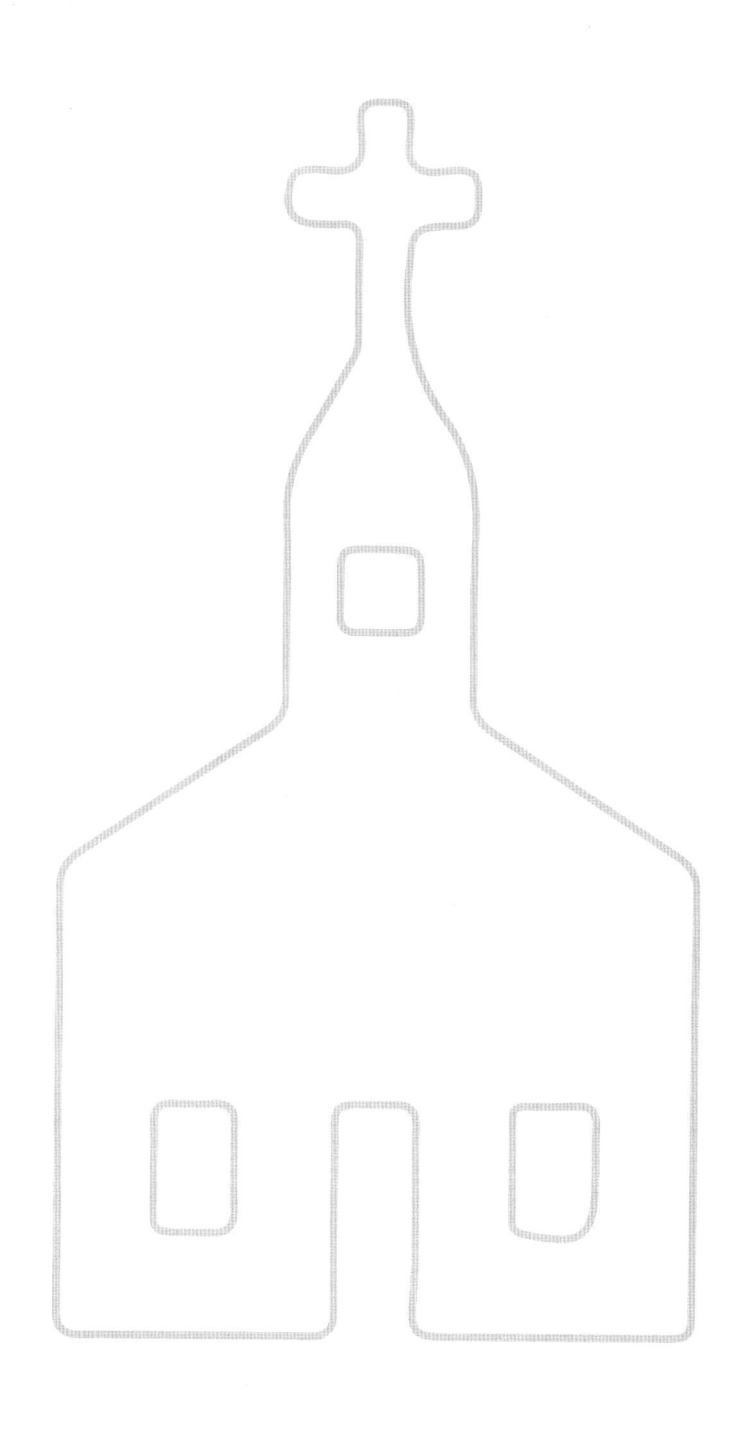

Pessoas

Tudo serve de aprendizado.

Pessoas

Nunca se esqueça de 3 tipos de pessoas na sua vida:

1. Quem o ajudou em momentos difíceis;

2. Quem o deixou em tempos difíceis;

3. Quem o colocou em tempos difíceis.

Isso nos mostra que tudo está relacionado a nossa pessoa, pois somos nós que escolhemos as nossas companhias. De qualquer forma, **tudo serve de aprendizado** e não devemos culpar o outro, mas sim ser mais seletivos e cuidadosos em nossas escolhas!

Poder

A manifestação do poder de Deus também passa pela vida dos santos.

Poder

A manifestação do poder de Deus também passa pela vida dos santos. O Espírito Santo já foi enviado e derramado sobre nós. Temos transbordado esse poder? Ou nos tornamos cristãos "pinguins de geladeira", que não experimentam nem transbordam a graça? Que Deus nos faça santos e cheios de poder para sermos um sinal neste mundo de trevas!

Presente

{ Ele não para de agir em nossa vida! }

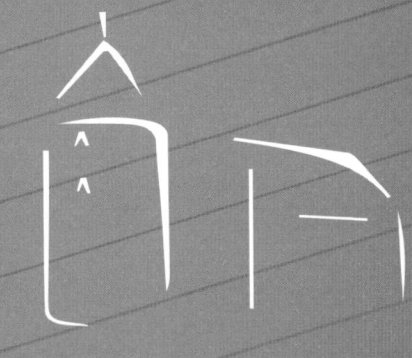

Presente

Se você se prender ao que ainda está por vir, não vai conseguir enxergar o que Deus está fazendo agora! **Ele não para de agir em nossa vida!** Espere o tempo de Deus e esteja vivo para contemplar cada um dos milagres que o Senhor faz durante o tempo que você espera!

Quem não espera o tempo da gestação pode abortar o seu futuro!

Princesa

Somos filhas do Rei.

Princesa

Somos princesas, sim!

Porque **somos filhas do Rei**,

Porque temos uma herança,

Porque sabemos que somos amadas,

Porque nos valorizamos e entendemos que o nosso valor está muito além das aparências,

Porque o nosso exterior só reflete esse amor que está dentro e que transborda!

Prioridades

{ Você tem reservado um tempo para você? }

Prioridades

Você tem reservado um tempo para você? Pare um pouco e reflita se você tem se permitido reservar um tempo só para você. Com a correria do dia a dia, tirar um momento para cuidar de si tem se tornado uma atividade cada vez mais difícil. Dedicar alguns instantes para o cuidado próprio traz grandes benefícios, como alegria, entusiasmo e renovação, o que acaba refletindo diretamente em todas as áreas da sua vida. Esse "tempo" pode envolver muitos aspectos, desde ter um momento de lazer e diversão, um tempo para uma sessão de beleza, uma atividade física ou até mesmo para descanso. Como começar? Já programe para esta semana, reserve o seu tempo e não abra mão disso.

Raiva

{ Raiva e rancor são sentimentos que machucam. }

Raiva

Raiva e rancor são sentimentos que machucam mais aquele que os sente do que a pessoa que causou a indignação. Os que o magoaram no passado não podem continuar a magoá-lo, a menos que você se agarre à dor por meio do rancor. Não permitir que o rancor governe a sua vida é uma decisão muitas vezes diária (dependendo da ferida), mas é uma decisão, não um sentimento! Aquilo que você não consegue esquecer, você pode lançar no oceano da misericórdia e da graça de Deus, certo de que a graça de perdoar vem somente dele. "Ficar irado e amargurado é loucura, é falta de juízo, que leva à morte" (Jó 5,2).

Renovação

{ É preciso despertar para ver que o milagre da vida se renova! }

Renovação

É **preciso despertar para ver que o milagre da vida se renova!** É um novo dia para mim e para você! Eu e você somos milagres, nossa vida é um milagre das mãos de Deus! Que nada nos roube essa certeza, que nada nos faça esquecer do valor que temos para o Senhor! Se você está adormecido, desperte! Se você se esqueceu, traga à memória aquilo que lhe traz esperança! Jesus ama você!

Renúncias

> O tempo não para e devemos aproveitar cada momento.

Renúncias

O tempo não para e devemos aproveitar cada momento.

Hoje em dia o tempo é a moeda mais preciosa, portanto não deixe que as pessoas mais especiais e que mais te amam tenham o que te resta.

Para eles, o melhor!

Por eles, todas as renúncias.

Rocha

Você está firmado na rocha?

Rocha

Você está firmado na rocha? Estar firmado na rocha, que é Cristo, é a única condição para suportar de pé os dias ruins. Virão as tribulações, os ventos tentarão derrubar você! Mas quem permanece na rocha não será destruído. Estar firmado na rocha significa que precisamos nos posicionar em um lugar firme, em um lugar de importantes decisões e renúncias. Não é algo tão simples, mas que nos torna fortes e inabaláveis em Deus! "Portanto, quem ouve estas minhas palavras e as pratica é como um homem prudente que construiu a sua casa sobre a rocha. Caiu a chuva, transbordaram os rios, sopraram os ventos e deram contra aquela casa, e ela não caiu, porque tinha seus alicerces na rocha. Mas quem ouve estas minhas palavras e não as pratica é como um insensato que construiu a sua casa sobre a areia. Caiu a chuva, transbordaram os rios, sopraram os ventos e deram contra aquela casa, e ela caiu. E foi grande a sua queda" (Mateus 7,24-27).

Serenidade

{ Não há preocupações quando deixamos Deus ser Deus. }

Serenidade

Existem caminho estratégicos, existem caminhos humanos, existem palavras e decretos de pessoas, existem relações de interesse. Mas só quem descansa é aquele que faz a vontade de Deus e se deixa guiar pela estratégia do Espírito Santo. **Não há preocupações quando deixamos Deus ser Deus.** A sensação de estar no seu lugar, fazendo aquilo que você nasceu para fazer, vivendo os sonhos de Deus, gera uma sensação de paz e liberdade inigualável.

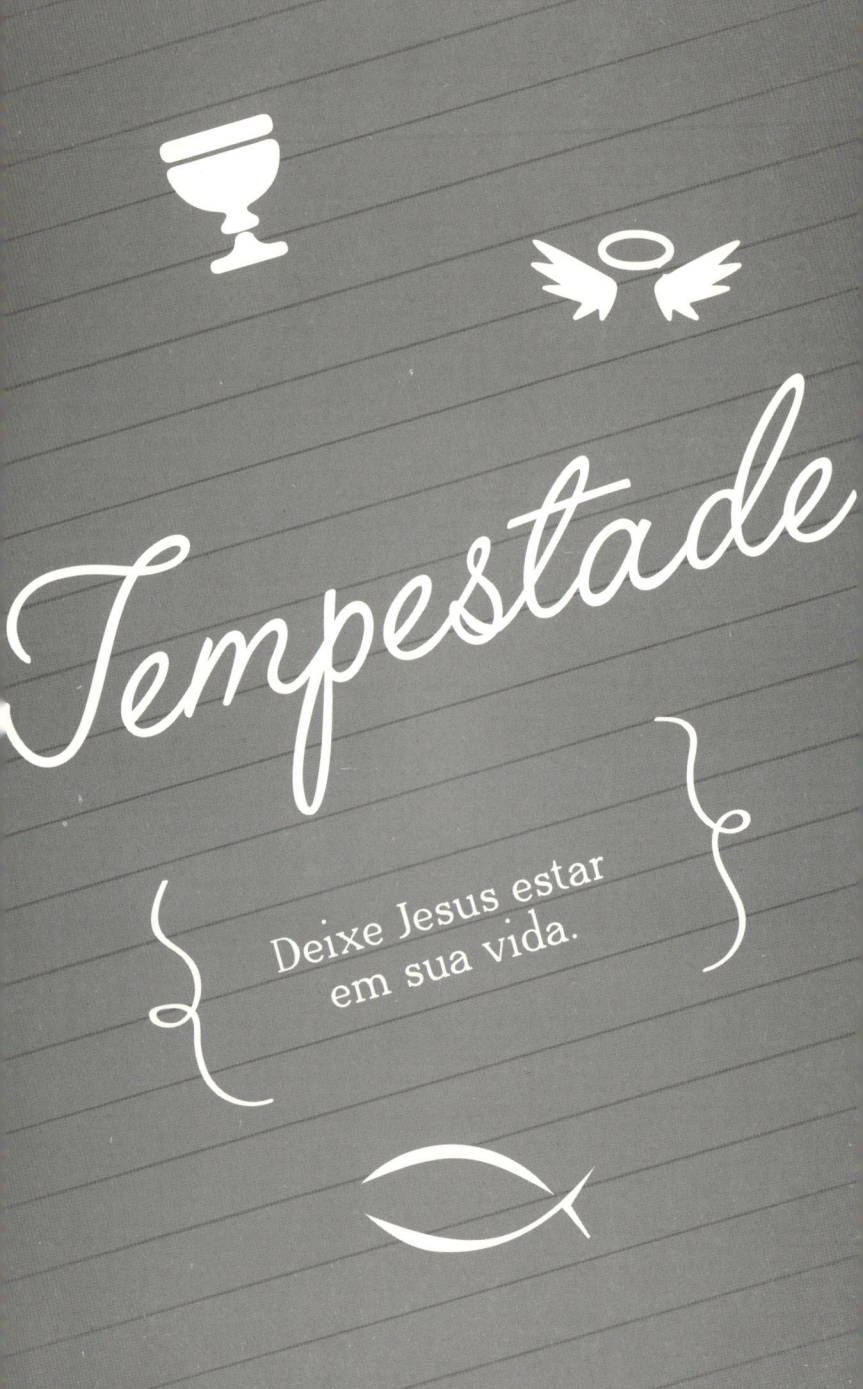

Tempestade

Deixe Jesus estar em sua vida.

Tempestade

Você está passando por tempestades, dificuldades? Então **deixe Jesus estar em sua vida** e em seu barco! Muitas vezes nós só deixamos Deus entrar na nossa vida quando as coisas não vão muito bem. Mas é preciso que Ele seja o Senhor na bonança e também em meio à tempestade, pois somente Ele pode nos fazer vencer os dias ruins e ser a nossa perfeita alegria nos dias bons. E sempre se lembre: Jesus está no barco com você!

Tempo

Eu sou uma flecha polida nas mãos do arqueiro.

Tempo

Eu sou uma flecha polida nas mãos do arqueiro. Existe o tempo de a flecha ficar guardada na aljava, o tempo de retesar o arco e o tempo de lançar a flecha. E o cálculo desse tempo perfeito é feito por Deus, o arqueiro que nunca erra o alvo! Mas Ele não interfere quando nós tomamos as rédeas e queremos fazer do nosso jeito, queimando etapas e atrapalhando. Descanse e não se preocupe! Se você é flecha nas mãos de Deus, deixe que Ele faça tudo no tempo dele.

Trabalho

Todo trabalho é digno e dignifica o homem!

Trabalho

Todo trabalho é digno e dignifica o homem!

A realização pessoal vem de trabalhar e servir.

Não conseguiu trabalho dentro da área que você estudou ou planejou? Arregace as mangas, use a criatividade, explore o seu diferencial e vá ser feliz.

Visão

{ Perdas são necessárias. }

Visão

A visão cristã nos permite entender que, muitas vezes, **perdas são necessárias**; renunciar e dar passos para trás é muito importante para depois avançar.

Durante o processo, ao longo do caminho, a visão pode se turvar e o mais importante é ter um foco, um objetivo claro e manter os olhos bem fixos na meta.

Vitória

{ A diferença está onde você está colocando o FOCO. }

Vitória

As pessoas veem a vitória, mas só aquele que não desistiu sabe o quanto chorou, sofreu, foi rejeitado e humilhado.

Não é só você que sofre, é rejeitado, chora e pensa em desistir!

A diferença está onde você está colocando o FOCO.

A planta cresce onde você coloca os olhos, o foco, o cuidado.

Será que você não está focando na rejeição e no que deu errado, em vez de seguir adiante?

Se for preciso ganhar fôlego, pare e ganhe fôlego.

Se for preciso chorar, vai chorando e andando.

Se estiver doendo, vai com dor mesmo.

Só não vale desistir.

Não desista de você, não desista da sua família, não desista dos seus filhos, não desista da sua transformação, não desista sobretudo de viver os sonhos de Deus.

Informações sobre Aline Brasil

Para conhecer o trabalho da autora,
acesse seu site:
www.alinebrasil.com
e siga-a nas redes sociais:
facebook.com/BrasilAline
instagram.com/alinebrasiloficial
youtube.com/TVAlineBrasil

Informações sobre a Editora Ave-Maria

Para conhecer outros autores e títulos da Editora Ave-Maria, visite nosso site em:
www.avemaria.com.br
e siga nossas redes sociais:
facebook.com/EditoraAveMaria
instagram.com/editoraavemaria
twitter.com/editoravemaria
youtube.com/EditoraAveMaria